Vylasini Seetharaman

Estratégia e plano de angariação de fundos

Vylasini Seetharaman

Estratégia e plano de angariação de fundos

Associação Ashadeep em Mumbai, Índia

ScienciaScripts

Imprint

Cover image: www.ingimage.com

This book is a translation from the original published under ISBN 978-3-659-89122-9.

Publisher:
Sciencia Scripts
is a trademark of
Dodo Books Indian Ocean Ltd. and OmniScriptum S.R.L publishing group

120 High Road, East Finchley, London, N2 9ED, United Kingdom
Str. Armeneasca 28/1, office 1, Chisinau MD-2012, Republic of Moldova, Europe
Managing Directors: Ieva Konstantinova, Victoria Ursu
info@omniscriptum.com

Printed at: see last page
ISBN: 978-620-8-54396-9

RESUMO

O objetivo deste estudo é mostrar como as plataformas dos meios de comunicação digitais e as subvenções podem desempenhar um papel importante nos esforços de angariação de fundos de uma organização sem fins lucrativos. Neste estudo, estes diferentes elementos foram explorados e implementados com a associação Ashadeep. A utilização de conteúdos, gráficos, estatísticas e a compreensão das mentalidades e preferências dos dadores podem ter um impacto significativo no tipo de instituição de solidariedade social para a qual os dadores estão mais inclinados a contribuir. Os dirigentes da Associação Ashadeep e de outras instituições de solidariedade social podem utilizar os resultados deste estudo para aprenderem e adaptarem as suas estratégias de angariação de fundos, de modo a atraírem mais dadores.

ÍNDICE DE CONTEÚDOS

CAPÍTULO UM: O PROBLEMA

Antecedentes e história

A associação Ashadeep (n.d.) foi fundada em 1976, quando a falecida Dra. Adelheid Hueffer, após 25 anos de trabalho médico e social em zonas remotas da Índia, decidiu estabelecer-se em Bombaim. Abriu uma clínica improvisada onde prestava cuidados médicos aos habitantes dos bairros de lata de Kanjuwadi. Para além das doenças conhecidas, descobriu que a mortalidade infantil e o alcoolismo estavam na origem de uma miséria indescritível. A falta de necessidades básicas como casas de banho, eletricidade e água tornava a vida difícil: as mulheres tinham de fazer fila durante horas por um balde de água e as crianças não frequentavam a escola devido à pobreza (Ashadeep Association, n.d.). Perante estas dificuldades, a Dra. Hueffer decidiu criar a Ashadeep com sete indianos e sete europeus que se juntaram a ela como fundadores. Em seguida, criou uma associação na Alemanha para gerar fundos adicionais para gerir a Ashadeep em Mumbai. Queria assegurar o futuro a longo prazo da instituição.

A Ashadeep gere programas como infantários, assistência educativa, formação profissional, trabalho com crianças com necessidades especiais, ensino de dança e música, fornecimento de alimentos nutritivos, vestuário, cuidados médicos e colocação profissional. Os donativos foram sempre efectuados por doadores individuais e pelas associações parceiras da Associação Ashadeep. Os diretores da Associação Ashadeep receiam que estas fontes se esgotem a qualquer momento e que, se tal acontecer, todas as actividades da Ashadeep sejam completamente interrompidas. Até à data, os fundadores examinaram todos os documentos e os membros do Conselho de Administração ou o Diretor-Geral não tiveram conhecimento desta informação. Após a morte do Dr. Hueffer, um grupo de administradores começou a supervisionar as actividades com cinco funcionários.

Interesse pessoal

Embora o meu interesse pela Associação Ashadeep tenha começado como uma forma de abordar o meu módulo de redação de subsídios, descobri uma necessidade mais premente enquanto pesquisava e falava com Santosh, um gestor de escritório da Associação Ashadeep. O objetivo é sensibilizar a comunidade local para o Ashadeep, bem como a nível nacional e mundial, com o único objetivo de angariar fundos.

Trabalho com crianças desde 2002 e sempre acreditei que as pessoas são quem são devido às oportunidades que lhes são dadas. Quando uma criança tem oportunidades ilimitadas, pode tornar-se numa pessoa que nunca pensou ser possível devido à sua situação financeira.

Tive a oportunidade de viver e estudar na Índia durante 5 anos, durante os quais passei alguns anos em Mumbai. Foi aí que tomei consciência da disparidade das condições de vida da população. Com base em dados da Infochange India (2006) e da Mumbai Municipal Corporation (n.d.) recolhidos através de inquéritos e estatísticas governamentais para a cidade de Bombaim, apercebi-me da proporção da população de Bombaim que vivia efetivamente em bairros de lata.

Ainda me lembro do dia em que a minha mãe me foi visitar a Mumbai e me disse que, quando o seu avião aterrou, só conseguia ver as casas improvisadas dos bairros de lata. Uma vez, quando eu estava a viajar no triciclo local, chegámos a um semáforo onde reparei num grupo de cinco crianças, que não pareciam ter mais de 10 anos. Estavam sentadas numa laje de betão na berma da estrada e entre elas estava um rapaz a brincar com o pneu de uma bicicleta. Do outro lado da estrada, havia um grupo de casas de favelas onde penso que as crianças viviam. Apesar de tudo isto, só vi risos e felicidade. Perguntei-me como teria sido a vida destas crianças se lhes tivessem sido dadas as mesmas oportunidades que a muitos de nós.

Objetivo

O objetivo deste estudo era desenvolver uma estratégia e um plano de angariação de fundos para a associação Ashadeep. Isto incluiu uma exploração dos elementos que podem ajudar a aumentar os donativos através da aproximação a um grande grupo de dadores.

O problema que se coloca é que, após a morte do fundador, não há ninguém para gerir a organização e a forma como os fundos entrarão, uma vez que a maioria dos doadores privados de longa data envelheceram e os seus donativos acabarão por cessar. Esta situação afectará as operações da Ashadeep e os serviços que esta pode prestar aos seus clientes deixarão de ser prestados.

O estudo também analisou os desafios que a organização enfrenta, tais como a atitude das pessoas em relação à dádiva, a necessidade dos seus serviços, a forma como chega às pessoas que precisam dos seus serviços e, acima de tudo, o impacto que tem na comunidade.

O principal objetivo do estudo consistia em investigar e avaliar em profundidade os diferentes elementos que podem ser utilizados no planeamento de uma estratégia de angariação de fundos, incluindo uma proposta de subvenção. Além disso, o estudo incluiu uma exploração da forma como a Ashadeep pode tornar-se mais visível para o seu público, a fim de aumentar o número dos seus doadores e voluntários.

Questões de investigação

1. Poderá ser desenvolvida uma estratégia e um plano para substituir o atual financiamento dos grupos de doadores?
2. As redes sociais podem ser a principal fonte de angariação de fundos?
3. As subvenções são uma boa fonte de financiamento?
4. Como é que a necessidade pode ser comunicada de forma convincente aos potenciais doadores?

Limites

A principal limitação na realização deste estudo foi a obtenção de estatísticas. Várias organizações privadas e mesmo o governo realizaram inquéritos, mas muitas das estatísticas necessárias para este estudo têm pelo menos quatro anos. Por conseguinte, para efeitos do estudo, o investigador teve de consultar artigos em linha, jornais e outros recursos para encontrar a informação mais exacta e actualizada.

Limites

As limitações deste estudo prendem-se principalmente com o facto de ter sido realizado nos bairros de lata de Mumbai, na Índia, e com as organizações sem fins lucrativos presentes na região. A atenção centrou-se nas necessidades da associação Ashadeep e nos seus recursos. O estudo abrangeu apenas os elementos que rodeiam os bairros de lata de Mumbai, na Índia, nomeadamente os que são tratados pela associação Ashadeep (n.d.). Além disso, a limitação do estudo aos subúrbios tratados pela associação Ashadeep permitiu o desenvolvimento preciso de soluções que poderiam eventualmente ser aplicadas a outros subúrbios, um de cada vez, a fim de provocar uma mudança mais alargada.

Na literatura, o investigador não analisou todos os problemas prevalecentes num bairro de lata, mas concentrou-se nas áreas que constituem necessidades básicas para as pessoas que vivem em bairros de lata e que lhes permitem sair da pobreza. Por conseguinte, a literatura incluída na análise centrou-se na saúde, na nutrição e na educação.

Importância do estudo

Mumbai, na Índia, tem uma população de 12,5 milhões de habitantes, 55% dos quais vivem em bairros de lata e abaixo do limiar de pobreza (Infochange India, 2006). O subúrbio de Andheri tem o maior número de bairros de lata, com números que variam entre 1 e 1,5 milhões de pessoas (Mumbai Wards & Districts, n.d.). O objetivo inicial deste estudo era ajudar diretamente a associação Ashadeep a prestar serviços aos 600 a 700 clientes que serve. A Ashadeep será equipada com mecanismos de angariação de fundos que os seus gestores podem utilizar para facilitar a transição de um pequeno grupo de grandes doadores para um grande grupo de doadores. Os fundos são uma componente necessária de qualquer organização sem fins lucrativos. Este estudo foi realizado para investigar e formular os melhores métodos que podem ser utilizados nos esforços de angariação de fundos.

A importância do estudo reside no facto de os resultados poderem ser utilizados para ajudar a Ashadeep a implementar os vários elementos que contribuem para o processo de angariação de fundos. Embora o foco tenha sido a Ashadeep, os resultados podem ser adaptados por outras organizações semelhantes para as ajudar nos seus esforços de angariação de fundos. Os resultados podem depois ser adaptados por outras 48 organizações que se dedicam a ajudar as crianças dos bairros degradados.

Definições

Crowdfunding - A prática de financiar um projeto através da recolha de pequenas quantias de dinheiro de um grande número de pessoas, normalmente através da Internet.

Doação / presente / espécie - Algo dado a uma instituição de caridade, como dinheiro, objectos, etc.

Angariação de fundos - Um evento organizado para gerar ou procurar apoio financeiro para uma instituição de caridade.

PayPal - Sistema de pagamento online global baseado nos EUA. As transferências de dinheiro em linha são uma alternativa eletrónica aos métodos tradicionais em papel, como os cheques e as ordens de pagamento.

CAPÍTULO DOIS: REVISÃO DA LITERATURA

Um estudo do espaço nos bairros de lata de Mumbai

Resumo

Nijman (2010) investigou os antecedentes dos habitantes dos bairros de lata em Dharavi, Mumbai, incluindo quem são, o que fazem e como funcionam. Nijman estava interessado em saber como diferentes elementos, particularmente os relacionados com o planeamento residencial, funcionavam no subcontinente indiano em comparação com o mundo ocidental. Será que a visão ocidental tem impacto na forma como estes bairros de lata de Mumbai são vistos e classificados?

Aplicação

Nijman (2012) estudou toda a população dos bairros de lata de Mumbai. Embora o foco fosse uma instituição de solidariedade social que faz parte de Dharavi, em Bombaim, este artigo forneceu conhecimentos de base adicionais sobre a vida nos bairros de lata, para que os líderes das instituições de solidariedade social pudessem planear melhor os esforços de angariação de fundos, fornecendo informações mais precisas aos voluntários e aos doadores. Isto foi aplicado aos Capítulos 1 e 4, onde o conhecimento dos bairros de lata de Mumbai foi útil para planear a estratégia e o plano de angariação de fundos.

Geração das preferências dos dadores

Resumo

Bachke, Alfnes e Wik (2014) investigaram o que determina a forma como um dador escolhe fazer um donativo a uma instituição de solidariedade social. A sua questão era saber se a localização geográfica, a instituição de solidariedade social em si ou a ligação entre a instituição de solidariedade social e as pessoas tinham alguma coisa a ver com a preferência de doação. A sua investigação centrou-se em projectos em países em desenvolvimento. Utilizaram a metodologia da análise conjunta e o jogo do ditador económico com indivíduos do sexo masculino e feminino. Os autores utilizaram um inquérito com combinações aleatórias de causas, localização geográfica e género para determinar o montante dos donativos. Os investigadores concluíram indicando que o método utilizado para gerar donativos deve mudar à medida que as preferências dos dadores evoluem. Este conhecimento pode também ser aplicado a outros tipos de projectos que necessitem de fundos.

Aplicação

O documento explorou a forma como as preferências dos dadores influenciam o montante e o método de doação. Nesta dissertação, este conhecimento foi utilizado para desenvolver um método de apresentação de informações a potenciais e actuais doadores em plataformas de redes sociais, como o sítio Web da organização, o Facebook, o Twitter e o LinkedIn. Nestas diferentes plataformas, os angariadores de fundos podem ser estruturados para se adaptarem à evolução das preferências dos dadores.

Quando se organiza uma angariação de fundos, é importante ter um tema. Por exemplo, organizei recentemente uma angariação de fundos para uma organização sem fins lucrativos para a qual sou voluntária. O tema do evento foi "Salsa Nite". Neste caso, os doadores-alvo eram pessoas que gostam de dançar e com idade igual ou superior a 18 anos, porque o evento teve lugar num restaurante que servia bebidas alcoólicas e decorreu entre as 20 e as 22 horas. Factores como estes determinam quem serão os doadores e podem ser utilizados para conceber a angariação de fundos de forma a atrair esta preferência.

Angariação de fundos na Internet

Resumo

Bog, Harmgart, Huck e Jeffers (2012) investigaram a forma como os dadores utilizam a Internet para fazer um donativo. A sua questão centrava-se na forma como o poder do feedback recebido nas campanhas afecta a angariação de fundos através da Internet. Através da análise de dados e da análise de regressão, os resultados mostraram que um dador se baseia frequentemente no feedback de um dador anterior para determinar se vai fazer um donativo a uma instituição de caridade. Os autores concluem que as informações encontradas sobre uma campanha podem alterar o comportamento de potenciais dadores.

Aplicação

Neste artigo, os autores analisaram a forma como o feedback das campanhas ajuda a motivar potenciais futuros doadores e como esta informação ajuda a instituição de solidariedade social. Por isso, na secção de redes sociais deste resumo, foi incluída a opção de feedback para permitir que as pessoas partilhem as suas opiniões sobre a instituição de solidariedade social e a forma como sentem que os seus donativos foram utilizados pela instituição para a causa. Esta opção é descrita no Capítulo 4, na secção sobre a plataforma de meios digitais.

Filantropia colectiva :

Descrever e modelizar a ecologia da dádiva

Resumo

Gottesman, Reagan e Dodds (2014) questionaram a forma como o rendimento de um doador afecta o processo de doação. Examinaram dados que mostram a distribuição da dimensão dos donativos a várias organizações, como o Mt. Sinai Hospital. Utilizaram também um modelo de lei de potência para examinar as dádivas e os donativos individuais, a fim de analisar melhor a mentalidade subjacente ao processo de doação. Concluíram que as projecções de angariação de fundos podem ser modeladas por leis de potência que podem ser úteis para prever o êxito de uma campanha e afetar potencialmente o planeamento estratégico dessa campanha.

Aplicação

A informação sobre a identidade dos dadores e o seu nível de rendimento pode ser utilizada na página de donativos do sítio Web. Esta questão é abordada no capítulo 4 do presente estudo, na secção sobre a plataforma de meios digitais. Nesta página, os dadores podem optar por dar quantias mais pequenas ou maiores, ou mesmo quantias variáveis, consoante o seu conforto e capacidade. Ao oferecer opções fixas e múltiplas, bem como uma opção de doação aberta, os doadores têm a oportunidade de dar o que lhes convém.

Para uma organização sem fins lucrativos mais perfeita

Resumo

Mirabella (2013) analisou a formação de líderes de organizações sem fins lucrativos e a forma como o conhecimento da forma correta de gerir uma organização sem fins lucrativos pode, a longo prazo, levar a que a organização tenha uma contabilidade adequada, estabeleça relações, etc.

Aplicação

Este artigo fornece uma compreensão básica de como realizar eventos de angariação de fundos e quem pode ser colocado em funções-chave. Além disso, para que uma organização sem fins lucrativos funcione corretamente, necessita de uma estrutura e os seus dirigentes têm de saber como contabilizar os donativos que recebem e ser capazes de apresentar claramente ao público a forma como os donativos serão utilizados. Com este conhecimento, o sítio Web pode ser concebido de modo a incluir uma secção com relatórios anuais, bem como relatórios de projectos que descrevam em pormenor a forma como os donativos são utilizados. Isto assegurará a confiança e o apoio dos dadores a longo prazo.

Dar onde dói

Resumo

Robson (2015) analisou as instituições de caridade que têm uma parceria com empresas do sector privado, como a PetSmart, e oferecem aos doadores a oportunidade de fazer um donativo no final das suas compras no ponto de venda. Robson analisou os benefícios, como a diversificação das receitas e a redução dos custos administrativos, e os inconvenientes que este tipo de acordo pode ter para uma organização sem fins lucrativos.

Aplicação

O artigo centra-se nos donativos efectuados no final das compras no ponto de venda. Esta é uma boa informação para utilizar quando se pensa em alargar a angariação de fundos a outras áreas. Além disso, este conhecimento pode ser aplicado a eventos de angariação de fundos que podem ser organizados em diferentes alturas do ano. Isto é abordado no Capítulo 4, como parte do plano de campanha de um ano.

O custo emocional das doações de caridade

Resumo

Rubaltelli e Agnoli (2012) escreveram sobre a necessidade das pessoas de cumprirem a sua obrigação moral e o custo desta emoção. Analisaram a forma como as pessoas se sentem quando lhes é pedido que façam um donativo para apoiar uma pessoa ou para apoiar três. Analisaram a forma como o aspeto de gastar dinheiro e os limites dos dadores influenciam as suas decisões de doar para apoiar uma pessoa e cumprir a sua obrigação moral. **Aplicação**

O artigo centra-se na forma como as pessoas fazem donativos e como a sua necessidade de cumprir uma obrigação moral leva, por vezes, a um conflito interior e à escolha da opção mais pequena. Nesta dissertação, isto pode ser visto no sítio Web da Ashadeep, no capítulo 4, onde as diferentes opções de donativos, do mais pequeno ao maior, são colocadas em categorias. Isto permite que as pessoas doem de acordo com a opção que mais lhes convém e garante que a instituição de caridade recebe donativos. Outra razão para tal é incentivar as pessoas a fazerem donativos, por mais pequenos que sejam, e dar-lhes a sensação de que estão a fazer a diferença.

De visitante do sítio Web a contribuinte em linha: Três angariadores de fundos na Internet

Técnicas para organizações sem fins lucrativos

Resumo

Hoefer (2012) explorou três aspectos da angariação de fundos: marketing de afiliados, donativos e adesões em linha e produtos de informação. O artigo continua a analisar a forma como os donativos em linha e as adesões a instituições de solidariedade social se tornaram cada vez mais importantes nos últimos anos, e a sua importância deverá aumentar.

Aplicação

O desafio para qualquer organização sem fins lucrativos é como converter um visitante do sítio Web num contribuinte em linha. As técnicas apresentadas neste documento foram aplicadas como parte da dissertação em áreas como a apresentação do texto, a utilização de imagens e a colocação de botões de donativos. A utilização destas técnicas é descrita na secção sobre redes sociais no Capítulo 4.

Angariação de fundos e sensibilização do público: um dólar de cada vez

Resumo

White (2015) mostrou como a angariação de pequenas quantias de dinheiro de um grande número de pessoas para vários projectos através de plataformas da Internet, como os sítios de crowdfunding, ajuda as organizações sem fins lucrativos a atingir os seus objectivos de projeto a curto prazo. White também mencionou como este método pode ser utilizado não só por organizações sem fins lucrativos, mas também para atingir objectivos pessoais ou comerciais por qualquer pessoa com uma ideia e uma causa.

Aplicação

Este artigo continha vários elementos, como a utilização do crowdfunding, que eram adequados para o objetivo deste projeto. O projeto abrange aspectos do desenvolvimento de uma estratégia de angariação de fundos. O crowdfunding através do Facebook ou de um sítio Web pode ser um método eficaz para visar projectos específicos relacionados com a organização sem fins lucrativos. Este aspeto é abordado no Capítulo 4.

CAPÍTULO TRÊS: MÉTODO, ABORDAGEM OU PROCESSO

O objetivo deste projeto era desenvolver uma estratégia e um plano de angariação de fundos que pudesse ser utilizado por organizações sem fins lucrativos como a Ashadeep. As questões de investigação utilizadas para orientar o processo foram as seguintes

1. Poderá ser desenvolvida uma estratégia e um plano para substituir o atual financiamento dos grupos de doadores?
2. As redes sociais podem ser a principal fonte de angariação de fundos?
3. As subvenções são uma boa fonte de financiamento?
4. Como é que a necessidade pode ser comunicada de forma convincente aos potenciais doadores?

Neste estudo, foram estudadas e analisadas várias plataformas de meios de comunicação digitais, a fim de desenvolver soluções para a utilização dos meios de comunicação digitais como parte essencial dos esforços de angariação de fundos de uma organização sem fins lucrativos.

O problema

O problema era saber como é que uma organização sem fins lucrativos como a Ashadeep pode utilizar os meios de comunicação social para acelerar os seus esforços de angariação de fundos sob a forma de donativos, ofertas e voluntários. A Ashadeep é uma organização que sempre operou com donativos à porta fechada, uma vez que funciona com o apoio de um pequeno grupo de dadores pessoais. Estes doadores existem desde o tempo do fundador e, com o passar do tempo, alguns envelheceram ou morreram, o que fez com que certas doações cessassem. Esta situação colocou a associação Ashadeep em risco, uma vez que os serviços que oferece aos seus clientes podem ser reduzidos e, se esta situação se mantiver, todo o funcionamento pode ser interrompido. O objetivo deste estudo era encontrar uma forma de passar dos doadores tradicionais para os doadores digitais, a fim de garantir a sobrevivência da associação a longo prazo. Por conseguinte, este estudo consistiu em explorar formas de a associação Ashadeep utilizar as plataformas digitais para aumentar o número dos seus doadores, o que, por sua vez, conduzirá a um aumento dos fundos.

Até à data, a Ashadeep não tem presença em linha. Tem dependido do boca a boca ou de doadores privados que conheceram a organização ao longo dos seus 38 anos de existência. O desafio atual consiste em tornar a Ashadeep mais conhecida, a fim de gerar fundos através dos meios de comunicação em linha, como o sítio Web e os donativos no Facebook, bem como educar ou informar as pessoas sobre os serviços que a Ashadeep presta e a quem se destinam.

A tecnologia melhorou consideravelmente desde a fundação da Ashadeep. A Internet tornou o mundo "mais pequeno" e as pessoas podem interagir umas com as outras em segundos. A transferência de informações de forma rápida e exacta para o maior número possível de pessoas faz da Internet uma opção forte para as organizações sem fins lucrativos.

Outro elemento importante a considerar é a apresentação do conteúdo. As palavras são uma ferramenta poderosa e, quando bem utilizadas, podem ajudar a criar uma sensação de familiaridade. Esta familiaridade é importante porque é o que motiva os donativos. Tal como referido num artigo intitulado "Eliciting donor preferences", os dadores fazem donativos para causas que lhes são caras e que os atraem (Bachke et al., 2014). Os factores que influenciam a doação podem depender em grande medida da base geográfica do doador, do seu nível de rendimento, etc. O fator mais importante que converte os visitantes de um sítio Web em potenciais doadores é a descrição da vulnerabilidade e das necessidades urgentes da organização. No caso da Ashadeep, estas são as necessidades de saúde, nutrição e educação das crianças e mulheres que vivem nos bairros de lata de

Andheri, um subúrbio de Mumbai, no estado de Maharashtra, na Índia.

Esta estratégia e este plano de angariação de fundos podem ser utilizados para reforçar organizações como a Ashadeep, que estão a tentar entrar no mundo da doação digital. É também uma forma de chegarem a uma base de doadores mais alargada e as plataformas em linha podem funcionar como um cartaz para os serviços que prestam. A secção seguinte descreve sucintamente a estratégia e o plano de angariação de fundos; cada elemento é abordado com mais pormenor no Capítulo 4.

Estratégia e plano de angariação de fundos

1. Metas e objectivos da estratégia de angariação de fundos
2. Projectos futuros
    a. As coisas que fazemos agora
    b. O que queremos fazer
    c. Benefícios das actividades
3. Plataforma de media digital
    a. Facebook
    b. LinkedIn
    c. Sítio Web
    d. Financiamento coletivo
    e. Base de dados
4. Proposta de subvenção
    a. Boletim informativo
    b. Resumo
    c. Declaração do problema
    d. Declaração de necessidades
    e. Metas e objectivos
    f. Descrição do programa
    g. Avaliação do programa
    h. Plano de distribuição
    i. Descrição do orçamento
    j. Declaração de intenções
5. Campanha de 1 ano

CAPÍTULO QUATRO :

CONCLUSÕES E SOLUÇÕES OU RESOLUÇÕES

Metas e objectivos da estratégia de angariação de fundos

Objetivo principal

Fazer a diferença, ajudando as crianças e as suas famílias a sair do ciclo da pobreza, conquistando um grupo novo e mais alargado de doadores.

Objectivos específicos

- Ensino para crianças dos 3 aos 18 anos.
- Proporcionar às crianças uma dieta equilibrada para reduzir a mortalidade infantil.
- Prestação de cuidados de saúde às crianças e às suas famílias diretas.

Objectivos

- Prestar apoio escolar a 600 a 700 crianças por ano para manter o seu interesse pela escola.
- Alargar o plano de refeições de uma refeição principal e um lanche para duas refeições e um lanche todos os dias para cada uma das 600 a 700 crianças.
- Certifique-se de que as crianças recebem a sua quota-parte de leite e proteínas.
- Oferecer exames de saúde completos duas vezes por ano às crianças e aos seus pais, bem como aos idosos.
- Renovação das sete creches para melhorar as condições de vida das crianças.

Projectos futuros

As coisas que fazemos agora

- Viveiro
- Ensino da informática
- Adaptação de cursos (por exemplo, competências para a vida)
- Dança e música
- Educação (propinas)
- Apoio aos idosos
- Apoio às pessoas com deficiência física
- Piqueniques e acampamentos
- Distribuição de vestuário
- Cuidados médicos

O que queremos fazer

- Renovação de todos os centros para fazer face à monção de Bombaim e às inundações.
- Gerar fundos para assegurar um fluxo constante de leite.
- Contratar professores qualificados para o ensino pós-escolar.

Benefícios das actividades

- As crianças beneficiam de um ambiente estável para prosseguirem a sua educação.
- As mulheres aprendem competências práticas que lhes permitem sustentar as suas famílias.
- Os idosos não foram esquecidos.
- As pessoas com deficiência física recebem o apoio de que necessitam.
- Estão disponíveis cuidados médicos para ajudar a prevenir problemas de saúde graves.

Plataforma de media digital

Facebook

O Facebook é um sítio Web de rede social que facilita a ligação em linha com amigos, familiares e contactos profissionais. É semelhante a uma conta de correio eletrónico e muitas empresas encontraram formas de integrar o Facebook nos seus sítios Web. O Facebook pode ser utilizado de várias formas por organizações sem fins lucrativos.

Imagens dos bastidores. A publicação de vídeos e fotografias de voluntários, crianças e do trabalho realizado pela organização para atingir os seus objectivos permite estabelecer uma ligação mais pessoal com os apoiantes ou fãs no Facebook (ver Figura 1).

Figura 1: Fotografias de um dia passado com crianças do infantário no centro Dindoshi da associação Ashadeep.

Partilhar a história. A associação Ashadeep tem uma história rica de 38 anos, desde que foi fundada pela sua fundadora, a Dra. Adelheid Hueffer. A sua paixão por fazer a diferença na vida das crianças e das suas famílias é o que continua a impulsionar a organização. A partilha de fotografias e de experiências pormenorizadas da viagem ou do passado ajudará os actuais apoiantes e os futuros doadores a desenvolverem uma ligação muito mais forte com o que a Ashadeep se esforça por alcançar (ver figura 2).

Figura 2. Uma fotografia do Dr. Adelheid Hueffer tirada no início da sua carreira.

Utilizar separadores do Facebook. Um separador do Facebook é uma página separada semelhante a um sítio Web individual. Cada separador direciona o utilizador para um conteúdo diferente e cada um pode ser personalizado de acordo com as necessidades da organização. Por exemplo, os separadores "mural", "fotos" e "informações" podem encaminhar o utilizador para outra página que fornece mais informações sobre a organização sem fins lucrativos, neste caso a Ashadeep (ver Figura 3). Além disso, a página da associação Ashadeep tornar-se-á um centro que direciona o tráfego para a página principal da associação.

e até fornecer botões rápidos aos dadores para facilitar a sua doação.

Figura 3. Página do Facebook com separadores destacados.

Realizar um inquérito. Um inquérito ajuda a gerar ideias e dá aos fãs do Facebook a sensação de que estão a ser ouvidos e que a sua opinião conta. Além disso, a Ashadeep pode utilizar esta plataforma para saber que tipos de eventos de angariação de fundos são realmente apelativos para o seu público de potenciais dadores (ver figura 4).

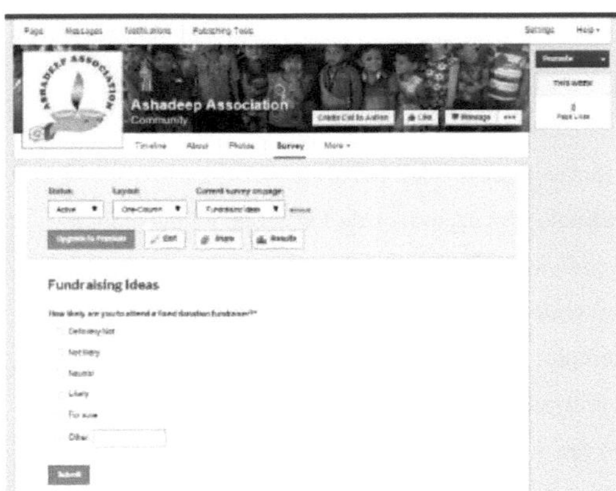

Figura 4: Inquérito aos dadores no Facebook.

Mostrar o que a associação faz. A associação Ashadeep é nova no Facebook. A sugestão é mostrar as actividades que organiza para as crianças, a fim de mostrar aos apoiantes a alegria que o seu donativo lhes trará. As fotografias da figura 5 foram tiradas durante as férias anuais de verão.

Figura 5. Fotografias de crianças a gozar as suas férias anuais de verão.

Mostre os resultados. Os doadores gostam de ver para onde está a ir o seu dinheiro. O Ashadeep deve publicar fotografias das notas anuais dos alunos e de outras actividades mensuráveis, e agradecer a cada um dos seus apoiantes e fãs as suas

HSC Board Exam 2012-13		
Students Name	**Percentage**	**Stream**
Shaikh Nazma	82.00	Commerce
Gupta Jyoti Ramesh	64.33	Commerce
Shenvi Susmita	63.50	Science
Savio Bangenoor	62.00	Commerce
Cynthia Rai	60.00	Commerce
Priti Ghag	54.15	Commerce
Savekar Sapana	53.50	Commerce
Sutar Gauri	51.67	Commerce
Pomedkar Bhagyashree	48.33	Commerce
Kiran Nathulal	44.67	Home Science
Kavita Mohite	43.67	Commerce
Vharkate Akash	41.17	Science

contribuições (ver Figura 6).

Figura 6. Resultados das notas anuais dos alunos.

Publicar convites para eventos e eventos de angariação de fundos. A publicação de convites para eventos permite que os fãs, apoiantes, voluntários e doadores sejam informados do que está a acontecer e aceitem o convite para participar (ver Figura 7). Este elemento seria muito útil para a associação Ashadeep.

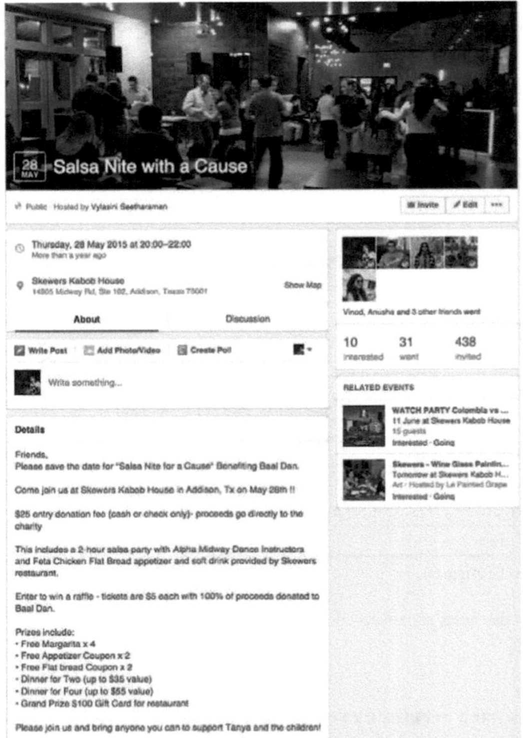

Figura 7: Convite para uma angariação de fundos de caridade com tema de salsa em Dallas, TX, a 28 de maio.
2015.

A Ashadeep poderia organizar eventos deste tipo, pelo menos quatro ou cinco vezes por ano, para angariar donativos. Estes eventos poderiam ser organizados pela associação Ashadeep ou por voluntários que, no final do evento de angariação de fundos, passariam um cheque à Ashadeep. Deste modo, seria possível aumentar o número de contactos e dar a conhecer a Ashadeep e o seu trabalho.

Educar. Sendo uma organização sem fins lucrativos com 38 anos de existência, a Ashadeep tem uma história rica. Os seus líderes conhecem os meandros da organização melhor do que ninguém. Os voluntários e os doadores gostam sempre de ouvir falar da sua experiência, e falar-lhes dela ajuda-os a estabelecerem uma melhor ligação e a tornarem-se mais apaixonados pela causa.

Utilizar a fotografia de capa para resumir a causa. O Facebook tem uma função de "linha do tempo" que é constantemente actualizada. Quando um utilizador visita a página do Facebook, a primeira coisa que vê é a fotografia de capa. A associação Ashadeep pode utilizá-la como uma espécie de cartaz para incluir uma montagem de todo o trabalho que realizou. Desta forma, a montagem será a primeira coisa que os visitantes verão quando acederem à página (ver figura 8).

Figura 8. Montagem do "painel de visualização" para a fotografia da capa.

Dar as boas-vindas aos novos membros. As boas-vindas a um novo membro da família Ashadeep podem ser feitas através de publicações no Facebook que mostrem os rostos dos voluntários, dos doadores, dos novos funcionários e de outras pessoas que estão por detrás do funcionamento da organização. A mensagem de boas-vindas pode incluir uma pequena biografia para ajudar os novos membros a conhecerem-se melhor.

LinkedIn

A Ashadeep é nova na plataforma dos meios de comunicação digitais, o que faz do LinkedIn uma óptima forma de a organização criar uma rede online e começar a construir uma forte base de seguidores. Há três coisas que podem ajudar a Ashadeep a reforçar a sua presença em linha através do LinkedIn.

Criar uma página. A associação Ashadeep tem uma página no LinkedIn, mas para se destacar precisa de acrescentar elementos como cabeçalhos e destacar a comunidade nos grupos. A Ashadeep também precisa de se juntar a outros grupos semelhantes para aumentar a sua visibilidade.

Maximizar a presença da organização. A associação Ashadeep pode maximizar o potencial das ferramentas de ligação em rede do LinkedIn. Pode promover eventos de angariação de fundos no LinkedIn e pedir aos seus contactos que os recomendem a outras pessoas utilizando as ferramentas disponíveis no LinkedIn. O LinkedIn também pode ser utilizado para programas de formação e para listar oportunidades de voluntariado. Tal como referido num artigo de Bog et al (2012), o feedback e as recomendações são importantes para os dadores quando decidem se vão fazer um donativo para uma causa e se a organização é valiosa.

Despertar o interesse das pessoas que seguem o sítio. Ao publicar actualizações na página principal, a associação Ashadeep deve certificar-se de que publica conteúdos que os seguidores leiam, comentem e partilhem. Segundo o LinkedIn (n.d.), as publicações com imagens têm uma taxa de comentários 98% superior. Além disso, as publicações com hiperligações para outros conteúdos geram duas vezes mais interesse do que as que não têm. Outra forma de aumentar as hipóteses de um artigo ser partilhado é adicionar um vídeo, o que torna o artigo mais atrativo para os seguidores e incentiva-os a partilhar o conteúdo. Por último, as publicações frequentes todos os meses manterão os seguidores interessados e a imagem da associação Ashadeep fresca nas suas mentes.

Financiamento coletivo

Existem vários sítios de financiamento coletivo que se adaptam a diferentes necessidades. Estes incluem Fundraise.com, CauseVox, o software DoJiggy's Pledge e Fundly. Perante esta multiplicidade de escolhas, é útil identificar as suas necessidades e depois selecionar os sítios que melhor se adequam à sua organização. No processo de seleção, há que ter em conta cinco categorias.

Aspeto e facilidade de utilização ou estética. A Ashadeep precisa de atrair o público para que o maior número possível de visitantes do sítio Web se converta em doadores quando visita o sítio de angariação de fundos. Por conseguinte, o Ashadeep deve ter em conta o aspeto da sua página de angariação de fundos e garantir que esta atrai um grupo maior ou mais importante de visitantes ao sítio. Além disso, o Ashadeep utiliza principalmente imagens para fins promocionais. A criação de uma página num sítio como o Fundraise.com seria uma escolha adequada, uma vez que não é necessário carregar vídeos.

Facilidade de utilização. A facilidade de utilização é importante para organizações como a Ashadeep, que são novas na plataforma dos meios digitais, uma vez que ter uma página de angariação de fundos fácil de navegar torna a experiência mais agradável. De facto, ter uma página de angariação de fundos que seja fácil de navegar torna a experiência mais agradável. Ter um sítio que seja mais fácil de navegar também significa que os visitantes do sítio terão uma melhor experiência.

Processamento de pagamentos. Os donativos em linha permitem que pessoas de qualquer parte do mundo possam facilmente fazer um donativo a uma causa em que acreditam. É igualmente importante ter diferentes tipos de métodos de pagamento disponíveis, como Visa, MasterCard, American Express, débito, PayPal, WePay ou mesmo cheques electrónicos. Além disso, é importante determinar o tempo necessário para que os donativos sejam depositados na conta bancária da Ashadeep.

Taxas. Uma vez que existem vários sítios de financiamento coletivo que satisfazem as diferentes necessidades dos grupos que pretendem angariar fundos, é importante considerar as implicações financeiras da utilização de cada sítio. Como organização sem fins lucrativos, a Ashadeep esforça-se por manter os seus custos baixos. É bom saber se existem taxas associadas à utilização de um site de crowdfunding, tais como taxas mensais ou taxas de processamento de cartões de crédito. Por último, o processo será difícil no que respeita à obtenção do montante angariado?

Capacidades de marketing e de redes sociais. É importante investigar se o sítio de financiamento coletivo pode ser partilhado em sítios de redes sociais. O objetivo da criação de um sítio de crowdfunding é permitir que as pessoas façam donativos em linha a partir do conforto das suas próprias casas.

Sítio Web

Um sítio Web é a principal forma de os visitantes saberem mais sobre a Ashadeep, as suas actividades e as pessoas que ajuda. A Ashadeep não tinha um sítio Web até há dois anos. Embora a Ashadeep faça um excelente trabalho com as crianças, a organização precisa de donativos para continuar a funcionar, razão pela qual é importante destacar elementos no sítio Web para promover ou incentivar os visitantes a fazerem donativos.

Página inicial. É aqui que os elementos importantes devem ser destacados e listados para que os visitantes possam navegar facilmente para esta secção. A página inicial deve conter apenas os separadores principais que são importantes para uma navegação fácil. As cores devem ser simples e agradáveis à vista. A colocação de imagens e texto deve ser cuidadosamente considerada. É igualmente importante colocar o botão "Donate" de forma proeminente na página inicial e em todas as páginas que conduzam a outras páginas do sítio Web.

Página de donativos. A secção de donativos é composta por duas partes. A primeira parte é ilustrada na figura 9 sob a forma de um simples botão de donativo PayPal.

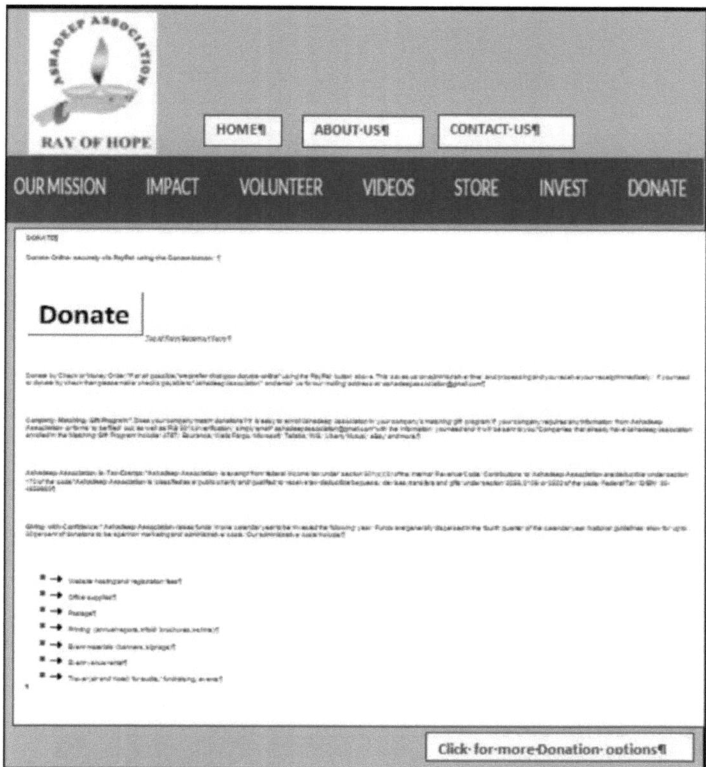

Figura 9. Opção de donativo PayPal.

A opção 2 da página de donativos é apresentada quando os visitantes clicam no botão "mais opções de donativos" (ver figura 10).

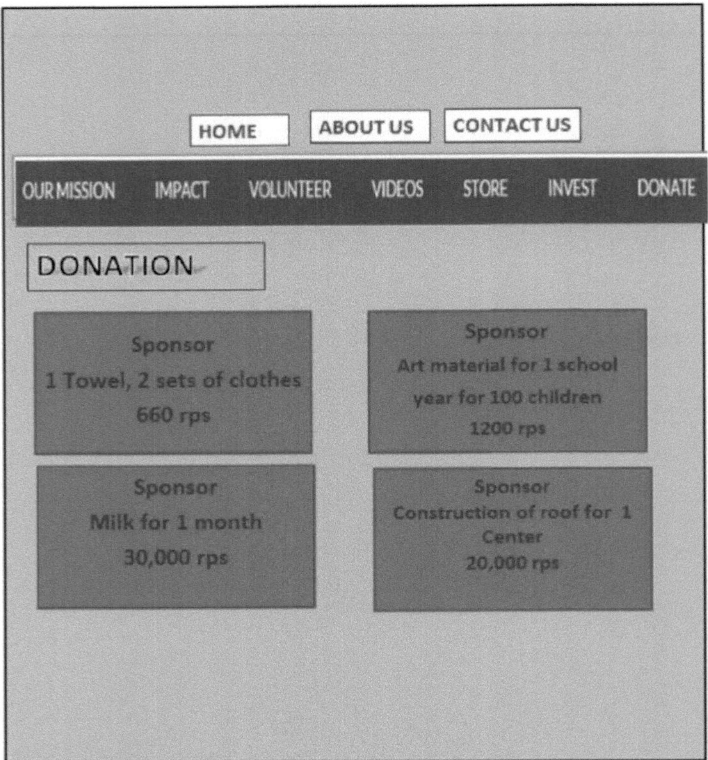

Figura 10. Mais opções de doação.

Base de dados

A palavra "base de dados" pode parecer complicada ou, de certa forma, desnecessária, mas no sector das organizações sem fins lucrativos é uma verdadeira tábua de salvação. Uma base de dados é essencial para gerir aspectos como o registo de voluntários, a gestão de doadores, o acompanhamento de subsídios, os formulários de inquérito, a gestão de eventos, os diretórios de pessoal e o marketing por correio eletrónico. Uma das formas de a Ashadeep desenvolver a sua base de dados de doadores ou apoiantes consiste em acrescentar um campo de entrada onde as pessoas possam introduzir o seu endereço eletrónico para receberem boletins informativos e actualizações. A opção de manter uma base de dados para as diferentes categorias facilita a transferência de dados em caso de mudança de pessoal ou de direção. Desta forma, não se perderá nenhum contacto.

Proposta de subvenção

Classificação das subvenções

- Geral
- Fundações
- Empresas
- Organismos públicos de financiamento
- Doadores individuais
- Angariação de fundos em linha/virtual

Onde obter subvenções

- The Foundation Center - Uma base de dados em linha pesquisável que fornece informações completas e exactas, permitindo que organizações sem fins lucrativos e outras organizações pesquisem cerca de 100.000 fundações e doadores empresariais dos EUA, mais de 2,1 milhões de subsídios recentes e mais de 500.000 decisores-chave.

- Fundação Barr (ver Apêndice A)
- Fundação Bill & Melinda Gates (ver Apêndice A)
- Fundação MacArthur (ver Apêndice A)

Exemplo de uma subvenção

Nos Apêndices B a K são apresentados exemplos de elementos de subvenção para dar uma visão geral da forma como a Ashadeep pode apresentar a sua subvenção a potenciais fornecedores de subvenções, tais como fundações, doadores privados e subvenções governamentais. Além disso, podem ser encontrados exemplos de subvenções e cartas de candidatura em www.grantspace.org. Este sítio contém exemplos de documentos de várias organizações para as diferentes subvenções que correspondem às suas necessidades.

Componentes da subvenção

A maioria das subvenções segue um formato fixo para a proposta, mas este pode variar ligeiramente em função do que os financiadores exigem de uma organização. Os diferentes elementos de uma subvenção geral são apresentados a seguir. Os Apêndices B a K contêm exemplos que foram redigidos para a Ashadeep no âmbito da subvenção da Fundação Barr.

Carta de inquérito. Uma carta de consulta permite às fundações determinar se estão interessadas em financiar um projeto antes de aceitarem uma proposta completa da organização sem fins lucrativos. Uma carta de inquérito é como um pequeno resumo da proposta completa e, normalmente, tem três páginas. É composta por quatro partes. O Apêndice B inclui um modelo de carta de consulta à Barr Foundation.

Introdução. Contém o nome da organização (ou seja, a associação Ashadeep), o montante solicitado e uma descrição do projeto. Inclui igualmente as competências do pessoal do projeto e uma descrição breve e precisa da metodologia e do calendário do projeto.

Descrição da organização. Esta descrição deve ser condensada e centrada nas necessidades da associação Ashadeep. Inclui igualmente a história da Ashadeep e uma descrição dos seus programas e actividades actuais. Desta forma, a Ashadeep pode demonstrar que existe uma relação entre as suas actividades actuais e o que pretende alcançar com os fundos solicitados. Esta secção deverá ser desenvolvida quando a Ashadeep for convidada a apresentar uma proposta completa.

Declaração de necessidade. Nesta secção, a Ashadeep deve demonstrar que este projeto pode dar resposta a uma necessidade urgente. Inclui também uma descrição pormenorizada da população-alvo e da localização geográfica, neste caso Mumbai, na Índia. No sítio Web, devem ser anexados dados estatísticos sólidos acompanhados de exemplos concretos.

Metodologia. Nesta secção, o conteúdo deve refletir a declaração de necessidade e apresentar uma solução clara, racional e exequível para a necessidade declarada. Esta secção inclui um resumo do projeto, destacando as principais actividades, o pessoal-chave do projeto e os objectivos. Tal como a descrição da organização, esta secção deve ser mais pormenorizada quando for apresentada a proposta completa.

O resumo. O resumo de uma proposta de subvenção é semelhante a uma carta de apresentação. O seu objetivo é permitir que organizações como a Ashadeep se relacionem com o leitor a um determinado nível, mantendo uma estrutura formal. É aqui que as organizações devem apresentar as razões pelas quais merecem financiamento. O Anexo C inclui um exemplo de um resumo redigido para a Barr Foundation.

Ao tentar resumir toda a proposta num sumário executivo, são necessários seis elementos-chave para garantir o êxito da operação:

- Uma breve declaração indicando o programa solicitado e o montante do financiamento pretendido.
- Elaborar uma lista das subvenções anteriores com o financiador.
- Indicar claramente que a instituição de solidariedade social está habilitada a executar o programa.
- Um breve parágrafo que descreva o programa, incluindo as principais actividades, os objectivos, o pessoal do projeto e as datas previstas para o seu início e fim.
- Enumerar o orçamento e destacar os domínios em que a subvenção será utilizada para cobrir as despesas. Indicar igualmente se existem outras fontes de financiamento para o programa.
- Termine o resumo com um parágrafo conclusivo, que descreva o impacto da subvenção nas pessoas envolvidas e na comunidade.

Declaração do problema. A definição do problema é essencial para a preparação de uma subvenção. É o que o leitor irá analisar ao estudar o projeto e o pedido de financiamento. Deve ser concisa e incluir dados que sustentem o problema colocado. É importante que seja curta ( ) para prender a atenção do leitor. Deve criar um sentimento de urgência relativamente ao problema. No caso do Ashadeep, o problema é de saúde, porque todas as casas dos bairros de lata contêm amianto, que é prejudicial. São necessários trabalhos de construção nos sete infantários para substituir e modernizar os telhados de zinco. No Anexo D encontra-se um exemplo de uma declaração de problema preparada para a Fundação Barr.

Esta secção deve conter

- Descrição do problema.
- Enumerar, com dados comprovativos, a forma como a organização sabe que existe um problema.
- Quem beneficia com este projeto e como.
- A prova de que este problema é real e requer atenção imediata e financiamento para

ser resolvido.

Declaração de necessidades. É na declaração de necessidades que as organizações como a Ashadeep expõem as suas necessidades em termos de subvenções. Esta necessidade deve corresponder à missão e à razão de ser da organização sem fins lucrativos. Estas necessidades devem estar relacionadas com as pessoas a quem a Ashadeep presta serviços e ser apoiadas por provas, tais como inquéritos, documentos científicos e dados estatísticos. Para facilitar a compreensão, o conteúdo desta secção deve ser apresentado tal e qual, sem palavras muito complicadas. No Anexo E, encontra-se um exemplo de uma declaração de necessidades à Barr Foundation.

Metas e objectivos. As metas tendem a ser de natureza mais geral e abstrata. O objetivo é ter um forte impacto com base na mudança desejada. Um exemplo de uma meta do cenário de Ashadeep é "reduzir os 44% de crianças que morrem antes do quinto aniversário devido à malnutrição".

Um objetivo é como um plano de ação que se segue à meta. Ao contrário de uma meta, é mais conciso e pode ser medido. Existem geralmente quatro categorias de objectivos:

- Comportamental - Espera-se uma reação humana.
- Exemplo: Este mês, 10 das 30 mulheres inscritas aprenderão a confecionar roupas como parte do programa de competências para a vida.
- Desempenho - Um período pré-determinado durante o qual um comportamento ocorre e resulta num elevado nível de excelência.
- Exemplo: Organização de campos de saúde duas vezes por ano nos bairros de lata do distrito de Andheri para as famílias, a fim de as manter em boa saúde.
- Processo - O resultado final é o resultado do evento planeado.
- Exemplo: Assegurar que os dietistas e os nutricionistas preparam refeições nutritivas e equilibradas que são depois distribuídas pelo pessoal da Ashadeep às crianças inscritas nas várias escolas.

- Produto - Algo que conduz a um resultado específico.
- Exemplo: Será criado um manual para ser utilizado em futuras ideias e implementações de angariação de fundos.

Quando se pensa no que se quer alcançar, é importante ter algumas coisas em mente.

- Os objectivos devem ser quantificáveis.
- Os objectivos são resultados, não processos.
- Os objectivos indicam o resultado final da atividade planeada.
- Os objectivos são específicos para um determinado público-alvo.
- Os objectivos devem ser realistas, de modo a poderem ser alcançados durante o período de subvenção previsto.

Eis um exemplo de um objetivo que acompanha a meta acima referida: "Atualmente, a Ashadeep distribui uma refeição por dia a 760 crianças. O objetivo seria aumentar este número para duas refeições por dia para 760 crianças". No Anexo F, encontram-se exemplos de metas e objectivos escritos para a Fundação Barr.

Descrição e avaliação do programa. Uma descrição geral do programa (ver anexo G) contém quatro elementos: a metodologia, o pessoal envolvido, a avaliação do projeto e a viabilidade a longo prazo do projeto e da organização sem fins lucrativos.

Na secção de metodologia, é importante detalhar o como, o quando e o porquê. Os métodos identificados serão então utilizados para atingir os objectivos declarados. Nesta fase, as actividades em curso estão sujeitas a restrições de tempo, pelo que é necessário um plano de trabalho sólido para manter o rumo e concluir os projectos a tempo. Finalmente, para realizar estes projectos, é necessário pessoal e é importante delegar claramente as responsabilidades.

A avaliação do programa (ver Anexo H) é uma parte essencial de qualquer proposta de subvenção. Deve ser incluída uma descrição da forma como o êxito do projeto será medido e que, em última análise, estará relacionada com os objectivos declarados e com as pessoas responsáveis pela execução dos objectivos. Esta secção é geralmente utilizada para apresentar os resultados ao financiador ou a qualquer pessoa interessada no funcionamento da organização sem fins lucrativos.

Nesta fase, o texto incluirá informações sobre as perspectivas de financiamento futuro e um plano de divulgação (ver Anexo I) que indique a forma como este projeto será prosseguido e a necessidade de um financiamento contínuo.

Por exemplo, "As crianças são acompanhadas duas vezes por ano através de controlos de saúde para garantir que mantêm um peso adequado à sua idade. Para o efeito, são registados os resultados de exames como a altura, o peso e as análises ao sangue."

Os Anexos G a I apresentam um exemplo de descrição e avaliação de um programa elaborado para a Barr Foundation.

O orçamento descritivo. O orçamento é uma parte essencial de uma proposta de subvenção, pois é o que os financiadores analisam para determinar se o montante solicitado é justificado. Consequentemente, todos os custos envolvidos no projeto para o qual é solicitado financiamento devem ser listados em grande detalhe. Um exemplo de orçamento preparado para a Barr Foundation pode ser encontrado no Apêndice J.

Declaração de intenções. Esta secção é uma espécie de resumo geral da proposta de subvenção, mais ou menos como uma declaração final ou de encerramento. Indica quem é a organização, o que faz e como, onde a subvenção será utilizada e como beneficiará aqueles que dependem da organização. No Anexo K encontra-se um exemplo de uma declaração de intenções redigida para a Barr Foundation.

Campanha de 1 ano

O quadro 1 apresenta o plano de promoção para o primeiro ano.

Quadro 1

Plano de promoção - 1 ano

Strategies/Tactics	Jan	Feb	Mar	Apr	May	Jun	Jul	Aug	Sept	Oct	Nov	Dec
Donors												
Website	X	X	X	X	X	X	X	X	X	X	X	X
Print (posters, flyers)					X	X	X	X				
E-mail marketing	X	X	X	X	X	X	X	X	X	X	X	X
PSA (TV, theatres)		X		X		X		X		X		X
Key Partners												
Personal selling	X	X	X				X	X	X			
Direct mailers	X	X	X					X	X	X		
Telecalling		X	X	X			X	X	X			
E-mail marketing	X	X	X	X	X	X	X	X	X	X	X	X
Clients												
Print (posters, flyers)	X			X			X			X		
Canvasing	X	X			X	X			X	X		
Home visits	X	X	X				X	X	X			

CAPÍTULO CINCO :
RESUMO, CONCLUSÕES E RECOMENDAÇÕES

Em conclusão, é evidente que qualquer organização sem fins lucrativos, como a Ashadeep, que nunca tenha estado exposta a plataformas de meios de comunicação digitais, deve tomar as medidas necessárias para se estabelecer no ambiente virtual, sabendo como otimizar o seu espaço. Cada uma das ferramentas propostas é uma forma de qualquer organização sem fins lucrativos criar visibilidade para que os actuais e futuros apoiantes, voluntários e doadores possam ser informados das actividades actuais e futuras.

A melhor forma de utilizar estas plataformas para obter a máxima exposição é garantir que todas elas são actualizadas regularmente, ou pelo menos três vezes por semana. Para que uma angariação de fundos tenha o melhor desempenho possível, as

informações têm de ser actualizadas nas páginas do evento, nos sítios Web e nas redes sociais (ver Figura 11).

Figura 11. Actualizações da plataforma digital.

A atualização e o acompanhamento constantes, com informações adicionais sobre como e onde o dinheiro está a ser utilizado, criam uma forma de confiança e uma ligação mais profunda que encorajaria o público a fazer donativos para os esforços de angariação de fundos da Ashadeep.

A recomendação para outras organizações semelhantes é utilizar os resultados deste estudo sobre a forma como os meios digitais podem influenciar os esforços de angariação de fundos de uma organização sem fins lucrativos como uma plataforma para compreender o que as pessoas querem de uma organização sem fins lucrativos. Este trabalho destacou áreas-chave que são essenciais e que devem ser realçadas. Embora este documento seja específico da Ashadeep, os exemplos podem ser adaptados às actividades e necessidades de cada organização.

REFERÊNCIAS

Associação Ashadeep (n.d.). *O nosso fundador.* Extrato de http://www.ashadeepassociation.org/ourfounder.html

Bachke, M., Alfnes, F. e Wik, M. (2014). Elicitando as preferências dos doadores. *VOLUNTAS: International Journal of Voluntary and Nonprofit Organizations, 25(2),* 465-486.

Bog, M., Harmgart, H., Huck, S. e Jeffers, A. M. (2012). Fundraising on the Internet. *Kyklos, 65*(1), 18-30. doi:10.1111/j.1467-6435.2011.00525.x

Gottesman, W. L., Reagan, A. J., & Dodds, P. S. (2014). Filantropia coletiva: descrevendo e modelando a ecologia da doação. *Plos One, 9*(7), 1-12. doi:10.1371/journal.pone.0098876

Hoefer, R. (2012). From website visitor to online contributor: Three Internet fundraising techniques for nonprofits. *Social Work, 57*(4), 361-365. doi:10.1093/sw/sws00

Infochange India (2006). *54% dos habitantes de Mumbai vivem em favelas: Banco Mundial.* Recuperado de http://infochangeindia.org/poverty/news/54-of-mumbai-lives-in-slums-world- bank.html

LinkedIn (s.d.). *15 dicas para actualizações convincentes da empresa.* Obtido em https://business.linkedin.com/content/dam/business/marketing-solutions/global/en_US/site/subsites/content-marketing/pdf/linkedin-15-tips- company-updates-infographic_us_en_130612.pdf

Mirabella, R. M. (2013). Toward a more perfect nonprofit. *Administrative Theory & Praxis (M.E.Sharpe), 35*(1), 81-105.

Mumbai Municipal Corporation (n.d.). *Percentagem da população dos bairros de lata.* Extrato de http://www.censusindia.gov.in/maps/Town_maps/Mum_slum_pop.aspx

Bairros e distritos de Mumbai: População e densidade por sector 2001. (n.d.). Recuperado de http://www.demographia.com/db-mumbaidistr91.htm

Nijman, J. (2010). A study of space in the slums of Mumbai (Um estudo do espaço nos bairros de lata de Bombaim). *Tijdschrift Voor Economische En Sociale Geografie (Jornal de Geografia Económica e Social), 101(1),* 4-17. doi:10.1111/j.1467-9663.2009.00576.x

Robson, J. (2015). Dar onde dói.*Maclean's, 128(2),* 46.

Rubaltelli, E. e Agnoli, S. (2012). O custo emocional das doações de caridade. *Cognition & Emotion, 26*(5), 769-785. doi:10.1080/02699931.2011.613921

White, M. (2015). Raising money and awareness one dollar at a time. *Parks & Recreation, 50*(2), 50-51.

APÊNDICE A: FONTES DE SUBVENÇÕES

Organization	MacArthur Foundation	Bill & Melinda Gates Foundation	Barr Foundation
Type of Grant Maker	Independent Foundation	Independent Foundation	Independent Foundation
Limitations	Work in 60 countries, including India and Mexico	Giving on a national and international basis to support initiatives in health, learning, poverty alleviation, and development. U.S. giving has an emphasis on the Pacific Northwest, international giving emphasis is on South America, Africa, Europe, and Asia	Giving primarily in the greater Boston, MA, area
Program Areas	1) International Programs 2) U.S. Programs 3) Media, Culture, and Special Initiatives	1) Global Development Program 2) Global Health Program 3) Matching Gifts Program 4) Social Investment Fund 5) U.S. Program	1) Closing Education Opportunity Gaps 2) Enhancing Cultural Vitality 3) Increasing Civic Engagement and Community Resilience 4) Mitigating Climate Change 5) Overcoming Poverty Abroad
Field of Interest	• Human rights and international justice • Peace and security, • Conservation and sustainable development • Girls' secondary education in developing countries • Migration • Population and reproductive health	• Agriculture • AIDS • Community/ economic development • Economic development • Education • Environment, water resources • Healthcare • Higher education, college (community/junior) • Human services • International development • Libraries/library science • Nutrition • Parasitic diseases research • Philanthropy/ voluntarism, alliance/advocacy • Public health • Public health, clean	• Arts • Community/economic development • Education • Education, early childhood education • Education, services • Elementary school/education • Elementary/secondary education • Environment • Environment, climate change/global warming • Environment, land resources • Environment, natural resources • Performing arts

		water supply • Public health, sanitation • Reproductive health, family planning • Rural development	
Geographic Focus	United States and International	United States and International	U.S. & Ethiopia, Haiti, and India
Types of Support	1) Maternal Mortality and Morbidity 2) Young People's Sexual and Reproductive Health 3) International Portfolio	• Annual campaigns • Building/renovation • Capital campaigns • Continuing support • Employee matching gifts • General/operating support • Matching/challenge support • Program development • Program-related investments/loans • Publication • Research • Scholarship funds • Technical assistance	• Annual campaigns • Building/renovation • Capital campaigns • Conferences/seminars • Consulting services • Emergency funds • Endowments • Fellowships • General/operating support • Land acquisition • Management development/capacity building • Matching/challenge support • Program development • Program evaluation • Research • Technical assistance
Application Information	Letter of inquiry followed by application	Letter of inquiry; submit formal funding proposal upon invitation from foundation	Letter of inquiry; submit formal funding proposal upon invitation from foundation
Deadline	No deadline except when specified	Generally none	Quarterly
Final Notification	6-8 weeks	10-12 weeks	
Amount of Giving	Total Assets: $5.8 billion as of December 31, 2012 Grant making 2012 • Grants authorized: $215.2 million • Grant requests: 6,293 • Number of grants: 562 • Range of grants: $10,000 to $9.7 million • Range of operations: U.S. and about 50 countries worldwide • U.S. Programs: $78.6 million • International Programs:	• $30,000,000 to International Bank for Reconstruction and Development, Washington, DC, in 2012. To improve the income and food security of poor people in developing countries through improved public and private sector investment in the agriculture and rural sectors • $10,833,334 to inBloom, Inc., Atlanta,	• $810,000 to Charles River Watershed Association, Weston, MA, in 2010. • $600,000 to Boston Educational Development Foundation, Boston, MA, in 2011. For capacity building support to Boston Public Schools • $580,236 to Boston College, Chestnut Hill, MA, in 2010. • $566,370 to Childrens Investment Fund,

		$76.3 million • Media, Culture & Special Initiatives: $36.9 million • MacArthur Fellows Program: $11.8 million • Cross-Foundation Programs: $8.6 million • Program-Related Investments: $7.8 million		GA, in 2012. To build, manage, and promote the Shared Learning Infrastructure (SLI) • $1,000,000 to International Rescue Committee, New York, NY, in 2012. For emergency response to the crisis in Democratic Republic of the Congo • $928,023 to University of California, Davis, CA, in 2012. For long-term strategies for protecting wheat against rust fungi which threaten the food supply in multiple developing countries resource settings to reliably identify children with life-threatening infections requiring antimicrobial therapy • $250,000 to Georgia Charter Schools Association, Atlanta, GA, in 2012. For general operating support		Boston, MA, in 2010. • $450,000 to Environment Northeast, Rockport, ME, in 2011. To monitor implement of State's climate and energy policies and develop new policies • $400,000 to Strategies for Children, Boston, MA, in 2011. For Early Education for All Campaign • $330,000 to Family Independence Initiative, Oakland, CA, in 2010.

APÊNDICE B: CARTA DE PEDIDO DE INFORMAÇÕES

1. **Que oportunidade ou necessidade seria satisfeita com uma subvenção da Barr?**

As populações-alvo são as crianças monoparentais desfavorecidas e carenciadas, os órfãos, os deficientes e as viúvas de Bombaim, na Índia, em especial as que vivem principalmente em bairros de lata. Estas necessidades, quando satisfeitas, contribuirão para melhorar a sua qualidade de vida.

Necessidade 1: Criar oportunidades de educação formal para estas crianças a partir do jardim de infância e apoiá-las até ao ensino secundário, para que possam obter diplomas universitários. Nos bairros de lata, os pais muitas vezes não mandam os filhos para a escola porque têm rendimentos e estruturas de apoio limitados. Consequentemente, os seus filhos são enviados para trabalhar ou não são cuidados, o que leva a problemas como brigas ou drogas, ou mesmo à mendicidade nas ruas. A educação permite que as crianças cresçam e consigam empregos bem remunerados, permitindo-lhes escapar ao ciclo da pobreza.

Necessidade 2: Disponibilizar recursos de saúde. De acordo com vários inquéritos realizados em Mumbai, os habitantes dos bairros de lata e os sem-abrigo constituem 54% da população da cidade, mas ocupam apenas 6% da área terrestre da cidade. Um inquérito realizado em Santosh Nagar, um bairro de lata no noroeste de Mumbai, revelou que 69% dos agregados familiares tinham apenas 50 m^2 de espaço por pessoa e que 88% desses agregados tinham tectos feitos de amianto, um material conhecido por ser tóxico. Um grande número de vectores de doenças está presente nos ambientes das casas em bairros sobrelotados, e a poluição do ar interior e a humidade precipitam as infecções respiratórias. São necessários controlos sanitários semestrais para garantir a saúde destas pessoas.

Além disso, devido à falta de informação, sabemos que a percentagem de mulheres grávidas que consomem ácido fólico ou ferro é muito baixa. As estatísticas revelam um aumento das taxas de mortalidade infantil. A taxa de mortalidade neonatal é de 31% e a taxa de mortalidade infantil de 44%. Deveriam ser organizados campos de saúde especificamente para mulheres grávidas e o consumo de vitaminas deveria ser encorajado.

Necessidade 3: Criar um programa de refeições escolares que, ao mesmo tempo, eduque as crianças dos bairros de lata e se encarregue das suas refeições escolares, a fim de reduzir a percentagem de crianças que sofrem de subnutrição. O nível de desnutrição nas favelas é alarmante. De acordo com a Comissão Nacional para a Urbanização, 85% das crianças com menos de 6 anos que vivem nos bairros de lata da Índia sofrem de subnutrição, 61% das quais são rapazes e 72% raparigas. Como resultado deste nível alarmante de subnutrição entre as crianças, a taxa de mortalidade também é elevada.

2. **Apresente uma panorâmica da sua organização (missão, objectivos, principais programas e outros elementos que considere importantes para um doador).**

Visão :

"Na Ashadeep, consideramos que é uma bênção e um privilégio poder oferecer um serviço de amor a qualquer pessoa que dele necessite.

A missão:

"A Ashadeep está empenhada em ajudar as crianças pobres e necessitadas através da educação, alimentação, vestuário e serviços médicos. A associação também se dedica a ajudar as viúvas e as mulheres desfavorecidas".

Programas-chave :

- Programa de ensino
- Clínicas e campos de assistência
- Plano de refeições
- Formação em competências para a vida

3. **O que pretende alcançar com o financiamento do Barr?**

Há três áreas que eu gostaria de abordar com o financiamento do Barr. Estes são os elementos-chave que farão a diferença no futuro e na vida destas crianças: o programa de educação, a clínica e os campos de saúde e o programa de refeições.

4. **Quem são os seus principais aliados ou parceiros neste trabalho?**

Os principais parceiros-chave dos programas serão os médicos e os enfermeiros, as escolas frequentadas pelas crianças e os dietistas e nutricionistas.

5. **Que obstáculos espera encontrar e como os vai ultrapassar? Quais são, na sua opinião, as maiores ameaças ou riscos para este trabalho?**

Obstáculos

Educação

- A recetividade dos pais ao conceito de educação e à sua importância
- Os pais que desejam enviar os seus filhos para a escola
- As crianças mantêm as suas notas altas na escola

Cuidados de saúde

- As mães grávidas não vêem a importância dos cuidados pré-natais
- As pessoas acham que não precisam de um check-up
- A informação sobre os campos de saúde não é devidamente publicitada

Medidas para ultrapassar os obstáculos

Educação

- Sensibilizar os pais para a forma como a educação pode fazer a diferença nas suas vidas e, em particular, nas vidas dos seus filhos. Informar os pais sobre os sucessos de outras famílias e sobre o que os seus filhos estão a fazer. Depois de terem aderido ao projeto, inscrever os seus filhos na escola.
- As notas das crianças serão monitorizadas através de exames trimestrais e exames intercalares e de fim de ano.
- Cuidados de saúde
- Sensibilizar as mulheres grávidas para a importância dos cuidados pré-natais e para o facto de vitaminas como o ácido fólico e o ferro poderem ajudá-las a dar à luz uma criança saudável.
- Assegurar a afixação de cartazes relativos aos campos de saúde bienais nos sete centros de dia e ao longo de todas as ruas dos bairros de lata servidos pela associação Ashadeep.
- Um veículo equipado com um altifalante anuncia os acampamentos nos diferentes bairros de lata.

6. **Qual será o aspeto do sucesso e como saberá que o alcançou?**

Educação

- O número de crianças que frequentam a escola deve manter-se constante todos os anos
- Todas as crianças da escola têm boas notas.

Cuidados de saúde

- Redução da percentagem de mortes devidas a problemas ambientais como o amianto.
- Uma redução percentual da baixa taxa de natalidade e da mortalidade infantil.

Nutrição

- Redução percentual do número de mortes de crianças com menos de 5 anos.
- Redução do número de crianças com menos de 10 anos que sofrem de malnutrição.

7. **Há mais alguma coisa que gostaria que soubéssemos nesta fase?**

Custos de funcionamento dos três programas principais.

Food and Nutrition	Expense (Rupees)
Kitchen Staff Salary	840576
Fuel Expenses	70000
Veg, Grocery, Eggs, Fish, Chicken	500000
Milk Expenses	300000
Maintenance	84000
Coordinator (Dorothy)	136620
Utensils	40000
Total	1971196

Education	Expense (Rupees)
Teachers	1795200
Uniform Expenses	50000
School bags	60000
Exercise books	75000
School / College Fees	100000
Coordinator (Kitty)	241230
Total	2321430

Healthcare	Expense (Rupees)
Teachers	1795200
Uniform Expenses	50000
School bags	60000
Exercise books	75000
School / College Fees	100000
Coordinator (Kitty)	241230
Total	2321430

APÊNDICE C: RESUMO EXECUTIVO

O pedido de financiamento abrange três programas: educação, cuidados de saúde e nutrição. Estamos a solicitar um financiamento da Barr Foundation no valor de 75.275 dólares.

As populações-alvo são as crianças monoparentais carenciadas e necessitadas, os órfãos, os deficientes e as viúvas de Bombaim, na Índia, em especial as que vivem principalmente nos bairros de lata. Estas necessidades, quando satisfeitas, contribuirão para melhorar a sua qualidade de vida.

A associação Ashadeep existe há 38 anos. O principal objetivo é continuar o seu trabalho durante muitos anos. Por conseguinte, existem metas e objectivos específicos para cada uma das categorias para as quais é solicitado financiamento.

Objetivo educativo: aumentar o número de crianças matriculadas nas escolas dos subúrbios de Andheri.

Objetivo pedagógico :

- Alargar os contactos com mais escolas para oferecer educação a mais crianças desfavorecidas.
- O Ashadeep visitaria os bairros de lata vizinhos para sensibilizar os pais para a importância da educação e para a razão pela qual devem enviar os seus filhos para a escola.

Objetivo nutricional: reduzir em 44% o número de crianças que morrem antes do seu quinto aniversário devido à má nutrição.

Objetivo nutricional :

- Dietistas e nutricionistas preparam refeições equilibradas e nutritivas que são depois distribuídas pelo pessoal da Ashadeep às crianças inscritas nas várias escolas.
- Atualmente, a Ashadeep distribui uma refeição por dia a 760 crianças. O objetivo é aumentar este número para duas refeições por dia para 760 crianças.

Objetivo dos cuidados de saúde: melhorar a qualidade de vida através de melhores programas de cuidados de saúde

Saúde objetiva :

- Os cuidados de saúde são facilmente acessíveis a todos os habitantes dos bairros de lata servidos pela associação Ashadeep.
- Educação sobre a importância das vitaminas pré-natais para ajudar a reduzir as taxas de mortalidade infantil.

Cada categoria tem o seu próprio processo de implementação, como se segue.

Educação :

- Contactar as escolas primárias, secundárias e terciárias para as tornar parceiros-chave do programa educativo.
- Visitar bairro de lata após bairro de lata para conhecer e educar os pais sobre a importância da educação e para inscrever os seus filhos na escola para o próximo ano letivo.

Cuidados de saúde

- Criar uma clínica médica em cada um dos sete centros de acolhimento de crianças.
- Contactar os hospitais vizinhos com várias especialidades e pedir aos seus médicos que prestem serviços aos habitantes dos bairros de lata.
- Um médico e uma enfermeira em cada uma das sete creches.
- Visitas de bairro de lata em bairro de lata para encontrar os habitantes e sensibilizá-los para a importância de participarem nos campos de saúde.
- Visitas às casas das mulheres grávidas para as informar e encorajar a tomar vitaminas pré-natais.

Nutrição :

- Emprego de um dietista e de um nutricionista.
- Entrega de alimentos nas escolas.
- Preparação de refeições em creches.

APÊNDICE D: DECLARAÇÃO DO PROBLEMA

A verdade é gritante: há 12,5 milhões de pessoas a viver em Bombaim, na Índia, 54% das quais vivem em bairros de lata, de acordo com o Banco Mundial. Ou seja, 6,75 milhões de pessoas. De acordo com um artigo publicado no *Times of India,* uma em cada cinco pessoas em Mumbai está abaixo do limiar de pobreza, e 1,5 milhões delas vivem no distrito de Andheri, em Mumbai, na Índia.

As crianças que vivem em bairros de lata estão expostas a problemas como o trabalho infantil, a subnutrição e as elevadas taxas de abandono escolar. Algumas destas crianças recorrem então a actividades como a droga e a mendicidade. Como as famílias lutam para sobreviver no dia a dia, os pais são obrigados a enviar os filhos para trabalhar em vez de os mandarem para a escola. Estes pais também não têm a educação necessária para compreender a importância de uma boa educação e como esta pode melhorar a sua qualidade de vida e dar aos seus filhos a oportunidade de realizarem os seus sonhos.

Ao atacar a raiz da pobreza, nomeadamente a falta de recursos e de educação, é possível aumentar a sensibilização e proporcionar às crianças uma educação que as ajudará a sair da pobreza e a ter uma vida melhor.

APÊNDICE E: DECLARAÇÃO DE REQUISITOS

As populações-alvo são as crianças monoparentais carenciadas e necessitadas, os órfãos, os deficientes e as viúvas de Bombaim, na Índia, em especial as que vivem principalmente nos bairros de lata. Estas necessidades, quando satisfeitas, contribuirão para melhorar a sua qualidade de vida.

As investigações efectuadas em Mumbai, na Índia, nos últimos anos, revelaram um nível de pobreza chocante. Estudos efectuados pelo Banco Mundial revelaram que 54% da população de Bombaim vive abaixo do limiar de pobreza. Trata-se de 6,5 milhões de pessoas dos 12 milhões que vivem atualmente em Bombaim, na Índia. Destes 6,5 milhões de pessoas, 1,5 milhões vivem em bairros de lata no distrito de Andheri, em Bombaim.

As crianças que vivem em bairros de lata estão expostas a problemas como o trabalho infantil, a subnutrição e as elevadas taxas de abandono escolar. Como as famílias lutam para viver de dia para dia, os pais são obrigados a mandar os filhos trabalhar em vez de os mandarem para a escola. Estes pais também não têm a formação necessária para compreender a importância de uma boa educação e como esta pode melhorar a sua qualidade de vida e dar aos seus filhos a oportunidade de realizarem os seus sonhos.

Necessidade 1: Criar oportunidades de educação formal para estas crianças, começando no jardim de infância, e apoiá-las até ao ensino secundário, para que possam obter diplomas universitários. Nos bairros de lata, os pais muitas vezes não mandam os filhos para a escola devido aos seus rendimentos e estrutura de apoio limitados. Consequentemente, os seus filhos são enviados para trabalhar ou não são cuidados, o que leva a problemas como brigas ou drogas, ou mesmo mendicidade nas ruas. Ao proporcionar educação, as crianças podem crescer e obter empregos bem remunerados, permitindo-lhes escapar ao ciclo da pobreza.

Necessidade 2: Disponibilizar recursos de saúde. De acordo com vários inquéritos realizados em Mumbai, os habitantes dos bairros de lata e os sem-abrigo constituem 54% da população da cidade, mas ocupam apenas 6% da área terrestre da cidade. Um inquérito realizado em Santosh Nagar, um bairro de lata no noroeste de Mumbai, revelou que 69% dos agregados familiares tinham apenas 50 m^2 de espaço por pessoa e que 88% desses agregados tinham tectos feitos de amianto, um material conhecido por ser tóxico. Um grande número de vectores de doenças está presente nos ambientes das casas em bairros sobrelotados, e a poluição do ar interior e a humidade precipitam as infecções respiratórias. São necessários controlos sanitários semestrais para garantir a saúde destas pessoas.

Além disso, devido à falta de informação, a percentagem de mulheres grávidas que tomavam ácido fólico ou ferro era muito baixa. As estatísticas revelaram um aumento das taxas de mortalidade infantil. Para evitar esta situação, é necessário organizar campos de saúde especificamente para as mulheres grávidas e encorajar o consumo de vitaminas.

Necessidade 3: Criar um programa de refeições escolares que, ao mesmo tempo, eduque as crianças dos bairros de lata e se encarregue das suas refeições escolares, a fim de reduzir a percentagem de crianças que sofrem de subnutrição. O nível de desnutrição nas favelas é alarmante. De acordo com a Comissão Nacional para a Urbanização, 85% das crianças com menos de 6 anos que vivem nos bairros de lata da Índia sofrem de subnutrição, 61% das quais são rapazes e 72% raparigas. Como resultado deste nível alarmante de subnutrição entre as crianças, a taxa de mortalidade também é elevada.

APÊNDICE F: FINALIDADES E OBJECTIVOS

Objetivo educativo: aumentar o número de crianças matriculadas nas escolas do distrito de Andheri.

Objectivos de aprendizagem :

- A Ashadeep trabalha atualmente com seis escolas e vai acrescentar mais dez no distrito de Andheri, incluindo instituições primárias, secundárias e terciárias. Isto permitirá à Ashadeep alargar o seu alcance e proporcionar educação a crianças desfavorecidas.
- O Ashadeep visitaria os bairros de lata vizinhos para sensibilizar os pais para a importância da educação e para a razão pela qual devem enviar os seus filhos para a escola.

Objetivo nutricional: reduzir em 44% o número de crianças que morrem antes do seu quinto aniversário devido à má nutrição.

Objectivos nutricionais :

- Dietistas e nutricionistas preparam refeições equilibradas e nutritivas que são depois distribuídas pelo pessoal da Ashadeep às crianças inscritas nas várias escolas.
- Atualmente, a Ashadeep distribui uma refeição por dia a 760 crianças. O objetivo é aumentar este número para duas refeições por dia para 760 crianças.

Objetivo dos cuidados de saúde: melhorar a qualidade de vida através de melhores programas de cuidados de saúde.

Objectivos de saúde :

- Organizar, duas vezes por ano, campos de saúde para as famílias dos bairros de lata do distrito de Andheri.
- Atualmente, Ashadeep gere sete creches, mas apenas uma tem uma clínica médica interna para satisfazer as necessidades de cuidados de saúde das mulheres e das crianças. Um médico visita esta clínica uma vez por semana para tratar as mulheres e as crianças. O objetivo é acrescentar uma clínica médica a todas as creches e aumentar o número de consultas médicas. Cada clínica teria um médico especialista que a visitaria três vezes por semana.
- Sensibilizar as mulheres grávidas para a importância do consumo de vitaminas como o ferro e o ácido fólico durante a gravidez. Isto ajudará a reduzir as taxas de mortalidade infantil.

APÊNDICE G :

DESCRIÇÃO DO PROGRAMA ASHADEEP

Metodologia

Segue-se uma lista das principais medidas a tomar para atingir o objetivo em matéria de educação. Estas etapas terão início em março, uma vez que o ano letivo na Índia decorre de junho a maio. Ao iniciar as actividades em março, os voluntários terão tempo suficiente para falar com os pais e, eventualmente, inscrever mais crianças na escola. Esta operação será repetida antes do início de cada ano letivo.

Education Goal: To increase the enrollment of children in schools within the Andheri district				
Key Action Steps	**Timeline**	**Expected Outcome**	**Data Source and Evaluation Methodology**	**Person/Area Responsible**
Make a list of all the primary, secondary and tertiary schools around the Andheri District	Month 1	Know of possible schools which are near any of Ashadeep's seven daycares	Have a total of 10 schools in each category:, Total of 30 schools	Ashadeep's coordinator, Santhosh
Send out direct mailers	Month 1	Make aware to the possible schools about Ashadeep's work and reason for contact	Call and fix office appointment with schools	Full-time admin staff at Ashadeep
Meet with the principle to determine if they are willing to partner with Ashadeep in its education program for the children	Month 1-2	Have a total of at least 20 schools keen on fixing appointment	Out of the 20 to finalize a minimum of 10 schools in the education program	Full-time admin staff at Ashadeep
Slum-to-slum visitation	Month 1-3	Parents are educated on the importance of education and how their lives will change as a result	Have a total of 740 children registered for the next school year	Five volunteers each for each slum. Transport with driver to ferry the volunteers around.

Seguem-se as listas de acções-chave para o objetivo nutricional. Estas etapas serão um processo contínuo, com exceção da procura de dietistas e nutricionistas. As outras actividades decorrerão durante 365 dias. As refeições serão servidas na escola durante os períodos lectivos, enquanto noutras alturas as crianças receberão ambas as refeições nos sete centros de dia.

Nutrition Goal: To reduce the 44% of children who die before their fifth birthday due to malnourishment				
Key Action Steps	**Timeline**	**Expected Outcome**	**Data Source and Evaluation Methodology**	**Person/Area Responsible**
Search for certified registered dietitians and nutritionists to develop meal plans for the children	Month 1	Well designed nutritious meals catered or suited for growing children from age 3 onwards	Weekly designed meal plans for both breakfast and lunch	Ashadeep's coordinator, Santhosh
Food delivered to each school where their children are placed (breakfast)	June to May (school year)	Having a good breakfast is important to allow for better concentration	The health of the children will improve, such as weight	Volunteers and delivery van drivers, one full-time staff to coordinate
Staff at Ashadeep would prepare lunch for the children when they return from school to the seven daycare centers run by Ashadeep	Monthly for a whole year	Have home cooked meals served to the children that are nutritious	Meals served to the 1,500 children in the seven daycare centers	Full-time kitchen staff and caretakers at Ashadeep

Segue-se uma lista das principais medidas a tomar para atingir o objetivo em matéria de cuidados de saúde. Estas etapas serão um processo contínuo ao longo do ano. O objetivo é melhorar a vida das crianças, das mulheres e das suas famílias através da melhoria dos padrões de cuidados de saúde.

Healthcare Goal: To improve quality of life through better healthcare programs				
Key Action Steps	**Timeline**	**Expected Outcome**	**Data Source and Evaluation Methodology**	**Person/Area Responsible**
Prepare flyers to be distributed	Month 1 & Month 6	For distribution to parents of children who attend the daycare	All slums serviced by Ashadeep to be informed of the health camps to be conducted. This occurs twice a year.	Ashadeep's staff and volunteers
Expansion of health clinics to be in all daycare centers	Over a period of 12 months	Have clinics in all seven daycare centers	Have a doctor and a nurse in each health clinic	Construction staff and Ashadeep's project coordinator
Establish contact with the various nearby hospitals	Month 1-2	Have doctors from these hospitals to volunteer at the seven daycare centers	Doctors from various disciplines such as gynecology, pediatrics, and family medicine to volunteer	Ashadeep's coordinator Santhosh and two other full-time staff
Have a doctor and nurse at each health clinic	Year round	Have doctors visits increase from once a week to three times a week	The children and the parents will have ready and frequent access to medical care	Seven doctors, seven nurses, and seven staff
Organize slum-to-slum visits	Twice a year	Provide information to expecting mothers regarding vitamins as well as about general care. To also educate them on the effects should they fail and how that might affect the health of their unborn child.	Have five volunteers at each slum, making house visits of expecting mothers	Five volunteers at each slum and transport driver

APÊNDICE H: AVALIAÇÃO DO PROGRAMA

Avaliação do objetivo educativo :

- Alargar a parceria com as escolas de seis para 16.
- número de crianças inscritas deve manter-se constante em 760.
- Controlo anual das notas finais das crianças.
- Consulte as escolas onde os seus filhos estão inscritos para saber como estão a progredir.
- Rever as notas dos exames trimestrais e certificar-se de que os alunos estão a receber a ajuda de que necessitam para terem sucesso na escola.

Avaliação do objetivo nutricional :

- Utilização dos serviços de um dietista e de um nutricionista para desenvolver e criar planos de refeições para as crianças.
- Atualmente, é fornecida uma refeição às crianças, seguida de duas refeições por dia.
- Alimentos distribuídos todas as manhãs nas escolas onde estão inscritas as 1500 crianças.
- almoço é preparado e servido às crianças depois da escola nos sete infantários.
- As crianças são objeto de um acompanhamento médico duas vezes por ano para garantir que mantêm um peso adequado à sua idade. Para o efeito, são submetidos a exames como a altura, o peso e análises ao sangue.

Avaliação do objetivo dos cuidados de saúde :

- Duas vezes por ano, são organizados campos de saúde em todos os bairros de lata.
- Foram construídas sete clínicas médicas nas sete creches.
- Um médico e uma enfermeira em cada uma das sete creches.
- A equipa médica visitou o local uma vez por semana e depois três vezes por semana.
- No início de cada ano, cinco voluntários visitam as casas das mulheres grávidas para as sensibilizar para a importância do consumo de vitaminas como o ferro e o ácido fólico.
- Inquérito efectuado para determinar o estado geral da população de crianças com 5 anos ou menos, a fim de reduzir as taxas de mortalidade infantil.

ANEXO I :

FINANCIAMENTO FUTURO E MANUTENÇÃO A LONGO PRAZO

Atualmente, a instituição de caridade Ashadeep funciona inteiramente com base em donativos. Para se manter durante muitos anos e continuar as suas actividades, a Ashadeep planeia abrir a sua própria loja de beneficência para vender roupas como os fatos salwar - uma peça de vestuário indiana - e outras peças de vestuário cosidas pelas jovens formadas na Ashadeep no âmbito da sua formação em competências para a vida.

Além disso, a Ashadeep planeia organizar galas anuais e estabelecer ligações com empresas que ajudarão a garantir um fluxo constante de donativos.

APÊNDICE J: ORÇAMENTO DESCRITIVO

O diretor do programa receberá 10 000 rupias pela gestão global e pela coordenação com os sete gestores de centro. Além disso, serão pagas 5.000 rupias como subsídio para despesas de deslocação relacionadas com o trabalho.

O coordenador, Santosh, tratará de todos os aspectos da gestão da documentação, dos contactos com os doadores e dos contactos com potenciais parceiros que possam trabalhar com a Ashadeep na angariação de fundos. De facto, será responsável por todas as tarefas relacionadas com a publicidade. Receberá um salário de 8.000 rupias.

As despesas de funcionamento incluem o seguinte (estas despesas reflectem os fundos necessários para apoiar e sustentar os programas e manter as instalações todos os anos):

Food and Nutrition	Expense (Rupees)
Kitchen Staff Salary	840576
Fuel Expenses	70000
Veg, Grocery, Eggs, Fish, Chicken	500000
Milk Expenses	300000
Maintenance	84000
Coordinator (Dorothy)	136620
Utensils	40000
Total	1971196

Education	Expense (Rupees)
Teachers	1795200
Uniform Expenses	50000
School bags	60000
Exercise books	75000
School / College Fees	100000
Coordinator (Kitty)	241230
Total	2321430

Healthcare	Expense (Rupees)
Teachers	1795200
Uniform Expenses	50000
School bags	60000
Exercise books	75000
School / College Fees	100000
Coordinator (Kitty)	241230
Total	2321430

APÊNDICE K: DECLARAÇÃO DE INTENÇÕES

Ashadeep é uma organização caritativa que se esforça por melhorar a vida de crianças desfavorecidas e carenciadas, órfãs, deficientes e viúvas. As actividades para as crianças são realizadas em sete centros de dia situados nos subúrbios ocidentais de Bombaim. As crianças recebem alimentação nutritiva, educação e vestuário, sem serem separadas dos seus pais e do seu ambiente familiar. O objetivo é proporcionar às crianças um futuro melhor.

A Ashadeep está em atividade desde 1976 e os seus dirigentes querem continuar o seu trabalho durante muitos anos, concentrando-se em expandir o seu alcance no distrito de Andheri, em Bombaim, na Índia. Deste modo, a Ashadeep poderá ajudar mais crianças a ter acesso à educação. A Ashadeep tem como objetivo desenvolver os seus recursos em três áreas: educação, nutrição e cuidados de saúde.

Printed by Books on Demand GmbH, Norderstedt / Germany